AF267511

LE
SOCIALISME

DANS

LA SOCIÉTÉ ÉLÉGANTE ET POLIE

PAR

ALEX. DE SAINT-ALBIN.

(Extrait du CORRESPONDANT, numéro du 10 mars 1850.)

PARIS

IMPRIMERIE D'E. DE SOYE ET Cᵉ,

RUE DE SEINE, 36.

1850

LE SOCIALISME

DANS

LA SOCIÉTÉ ÉLÉGANTE ET POLIE.

Les classes de là société que la fortune ou l'éducation ont élevées au-dessus des autres ont toujours donné à celles-ci un exemple tour à tour salutaire ou funeste, mais d'une puissance irrésistible. C'est un fait constant, c'est une loi sociale indépendante des temps, des mœurs, des préjugés et même des passions politiques et du triomphe de la déma-gogie. La supériorité aristocratique (je demande la permission de l'appeler encore ainsi) peut se déplacer, descendre de la noblesse à la bourgeoisie ; elle peut devenir un titre de proscription, mais elle continue d'être la supériorité, le point où demeurent fixement attachés les regards de ceux qui sont en bas, le modèle que tous s'efforcent, avec des succès divers, d'imiter. Il ne faut ici ni blâmer ni louer : la foule imite sans calcul, sans raisonnement, et même sans admiration pour son modèle ; elle suit son instinct.

Ce n'est donc pas contre les hommes ignorants et grossiers qu'il faut être en défiance, mais contre les hommes instruits et polis. Ce n'est jamais par les premiers, c'est toujours par ceux-ci que les plus monstrueuses erreurs font leur chemin dans le monde. Et nous n'en exceptons même pas les doctrines sauvages qui sont aujourd'hui l'effroi de la société élégante et polie : c'est à la société élégante et polie que nous devons le socialisme.

Assurément le socialisme ne s'est pas introduit dans les salons sous les mêmes dehors que dans l'atelier. On prend un costume différent selon les gens qu'on visite, on tient un différent langage, mais on porte partout les mêmes tendances et les mêmes principes ; chacun de nous conserve en tous lieux tout ce qui constitue son individualité morale et demeure partout le même homme.

Ainsi le socialisme est le même dans le salon ou dans l'atelier. C'est toujours la paresse, j'ai presque dit la lâcheté et la convoitise. C'est la révolte contre la loi faite au premier homme, la loi du travail, inscrite à la première page de nos livres saints, et inscrite partout dans la nature. C'est la révolte contre la loi chrétienne de l'asservissement du corps par l'âme.

Dans cette société intime de l'âme et du corps, il doit y avoir une autorité. Tant que dure la société, jusqu'à la mort de l'homme, jusqu'à la séparation de l'âme et du corps, l'autorité est disputée par les deux compétiteurs. C'est pour cela que la paix parfaite n'est point de ce monde : comment les hommes pourraient-ils vivre en paix les uns avec les autres, quand aucun d'eux ne peut vivre en paix avec lui-même ? Dans l'état chrétien, l'âme, en possession de l'autorité, doit sans cesse prévoir et prévenir, et souvent, malgré toute sa prudence, réprimer les révoltes du corps ; dans l'état sauvage, le corps tyran de l'âme (je ne veux plus me servir ici de ce grand nom de l'autorité), le corps est en lutte perpétuelle avec cette noble esclave qui veut briser ses fers.

Cependant l'âme n'est pas esclave à demi. Comme elle subit l'ignominie de l'esclavage, elle doit en avoir les bénéfices qui achèveront de la dégrader. Elle doit être dispensée de prévoir.

Etre dispensé de prévoir ! c'est la chaîne la plus forte qui attache l'esclave, toujours assuré de son pain et de son gîte, au maître qui prévoit et qui s'inquiète pour lui de sa nourriture, de ses vêtements et de l'étable où ce bétail humain pourra s'étendre et dormir.

Prévoir doit être le devoir et l'honneur de celui qui commande. Mais le corps, qui est fait pour l'obéissance et non pour le commandement, ne peut pas prévoir. Et c'est pour cela que cette société malheureuse de l'âme et du corps, où les rôles sont intervertis, ne peut plus trouver la prévoyance au-dedans d'elle-même ; car l'âme dans son abaissement, dans son avilissement, ne pourrait plus prévoir, c'est-à-dire voir d'avance, voir de loin, et, pour cela, voir de haut. Et d'ailleurs, à quoi sert de prévoir à qui n'a pas l'autorité pour préparer et pour prévenir ? L'âme verrait en vain ses besoins et les besoins prochains du corps ; en vain elle commanderait au corps de travailler pour en assurer la légitime satisfaction, le corps a horreur du travail et n'obéit plus à l'âme. En vain elle voudrait s'imposer une tâche ; l'âme ne s'obéit plus à elle-même. Et ainsi la société de l'âme et du corps ne pouvant plus trouver la prévoyance ni dans le corps, qui en est incapable par nature, ni dans l'âme, qui en est devenue incapable depuis sa déchéance, ou n'y trouvant plus, ce qui est la même chose, qu'une prévoyance désarmée d'autorité, cherche au-dehors une prévoyance plus sérieuse et plus efficace.

Cette prévoyance cherchée au-dehors, réclamée de l'Etat, c'est le socialisme.

Cette autorité, qui fait la prévoyance efficace, est l'autorité qui doit appartenir à l'âme sur le corps, non l'autorité qui doit appartenir à l'Etat ou au Pouvoir public sur l'individu.

Cette aliénation consentie par l'âme ne peut jamais être légitime ; toute aliénation d'autorité est illégitime de soi ; les dépositaires de l'autorité, l'âme comme les pouvoirs extérieurs, n'en sont pas les propriétaires ; l'autorité n'appartient qu'à Dieu, qui la délègue et qui ne peut pas l'aliéner..... Qui pourrait, en effet, lui proposer quelque chose en échange ? et que pourrait-on lui proposer ?

L'exercice illégitime de l'autorité constitue la tyrannie. Pascal le dit avec son éloquente concision :

« La tyrannie consiste au désir de domination universelle et HORS DE « SON ORDRE [1]. »

Le socialisme attribue à l'Etat une domination *hors de son ordre*. Et c'est pour cela qu'il n'est pas seulement une anarchie épouvantable, mais en même temps la plus odieuse des tyrannies.

M. le comte de Champagny a exposé, dans la dernière partie de son beau travail, encore présent à la mémoire des lecteurs du *Correspondant* [2], tout ce qu'a fait l'Etat pour étendre sa domination *hors de son ordre*. Je veux essayer d'indiquer aujourd'hui ce qu'a fait la société, et je le répète à dessein, la société élégante et polie, pour étendre aussi cette domination de l'Etat *hors de son ordre*. Le récit des révolutions de ce peuple qui repousse *un roi tout pacifique*, exige à la place un maître *qui se remue*, et trouve enfin un tyran qui dévore ses sujets, ce récit n'est une fable que parce qu'il s'agit d'un peuple de grenouilles.

On ne veut un maître *qui se remue* que pour être soi-même dispensé de se remuer. Chacun veut se décharger sur l'Etat de tous ses soins, de toutes ses sollicitudes, de tout ce qui constitue sa tâche et ses charges personnelles. Chacun veut que l'Etat lui assure une existence, sinon magnifique, au moins de cette médiocrité dorée que demandait Horace. Chacun veut que l'Etat lui arrange sa vie pour n'avoir plus à se donner que la peine de vivre.

Mais la société élégante et polie n'a jamais formulé sa paresse en système philosophique, et le prolétariat l'a fait.

---

[1] *Pensées*, article XXIV, § 18.
[2] *Un examen de conscience.*

Les exigences de la société élégante et polie n'ont jamais rencontré de résistance : pourquoi des réclamations, si bien et si facilement accueillies, auraient-elles cherché un appui superflu dans des théories au moins contestables ?

Les exigences du prolétariat ont rencontré une invincible opposition, non pas dans le mauvais vouloir des hommes, mais dans la nature des choses et dans l'impossibilité absolue de satisfaire les droits inventés et proclamés par le socialisme doctrinal.

J'ai voulu signaler d'abord cette différence pour en préciser la valeur. Cette différence tient uniquement aux circonstances, non aux hommes, non aux tendances, non aux principes.

La bourgeoisie, et plus particulièrement ce que les socialistes du lendemain appelaient la veille *le pays légal*, exerçait, sans avoir jamais connu les formules du socialisme, exerçait dans toute sa rigueur *le droit au travail.* Or, le fameux marché proposé par M. Proudhon [1] dit assez ce qu'est un droit dont la reconnaissance équivaut à l'abolition de la propriété.

Le pays légal, au lieu d'assurer l'avenir de ses fils par ses propres sacrifices et par une éducation sérieuse qui leur permît d'aborder résolument les difficultés de la vie, demandait pour eux à l'Etat des emplois rétribués qui les dispensaient de s'inquiéter et de prévoir. Les fonctions, on l'a dit assez, sans prendre garde toutefois au principe funeste qui était au fond de tout cela, les fonctions ont été choisies pour les hommes, non les hommes pour les fonctions. Satisfaire ces exigences fut pendant dix-huit ans le grand art de la politique. La Restaura-

---

[1] Il est curieux de rapprocher du mot de M. Proudhon les paroles récemment prononcées par M. Emile de Girardin, candidat à l'Assemblée législative, devant le comité socialiste démocratique :

« *Le citoyen président.* — Comment entendriez-vous le droit au travail ?

« *Le citoyen Emile de Girardin.* — Cette question est vaste, mais je me crois
« dispensé d'entrer dans de nombreux détails. J'ai fait réimprimer ce matin ce
« que j'ai écrit sur cette question. Aucun gouvernement n'a le droit de nier le
« droit au travail, quand il proclame le droit à l'assistance. Le droit à l'assistance
« n'est que le droit de vivre sans rien faire ; le droit de vivre en travaillant n'est-il
« pas plus sacré ? »

Cette préférence donnée par M. Emile de Girardin au droit au travail sur le droit à l'assistance que proclame la nouvelle constitution, n'est-elle pas trop fondée ? A la honte pour une loi constitutive d'ouvrir pour certains citoyens un droit sur la propriété d'autrui, n'est-ce pas ajouter une honte nouvelle que de faire de ce droit le privilége de la fainéantise ?

Cependant, pour être juste, il faut reconnaître que le droit au travail et le droit à l'assistance ne sont au fond que la même chose sous deux noms différents.

tion est tombée pour avoir dédaigné ce moyen de gouvernement ; la monarchie de Juillet est tombée pour l'avoir employé.

Je ne veux faire ici le procès ni à la Restauration ni à la monarchie de Juillet. J'aime ce fier dédain de la Restauration pour de tels moyens ; je regrette seulement qu'elle n'ait pas travaillé davantage à faire disparaître ces exigences qu'elle ne voulait point subir. La monarchie de Juillet a vu contre quel écueil la Restauration s'était brisée ; pour l'éviter, elle s'est jetée aveuglément du côté opposé, où elle s'est brisée à son tour contre un autre écueil. Les emplois publics précédemment établis n'ont pas suffi longtemps aux besoins toujours croissants du pays légal : il a fallu suivre le mouvement ascensionnel de ces besoins dans la multiplication des emplois publics. Il a fallu pourvoir tous les fils de famille de la bourgeoisie. La politique, non les nécessités administratives, décidait la création des fonctions nouvelles.

La même tendance et le même principe, mais formulé cette fois en *droit au travail*, ont, au lendemain du 24 février, donné naissance aux *ateliers nationaux*, dans lesquels l'État assurait un salaire aux ouvriers comme il avait fait pendant dix-huit ans, dans les administrations pour les fils du pays légal.

Je cherche, mais je n'aperçois aucune différence essentielle entre les bureaux d'un ministère et un atelier national.

Je le dis encore : je ne veux point faire son procès au gouvernement de Juillet. Il eût été sans doute plus honorable de repousser ces exigences que de courber la tête et de s'y soumettre. Mais il eût été insensé, pour vouloir imiter la généreuse résistance du gouvernement précédent, de suivre la Restauration jusque dans l'abîme où elle venait de disparaître.

La dernière monarchie était d'ailleurs moins libre à cet égard que son aînée. Elle subissait la loi fatale que lui imposait son origine. Elle cherchait partout des adhésions. Elle entretenait cette funeste habitude de la bourgeoisie de ne voir de moyens d'existence pour ses fils que dans les fonctions publiques. Napoléon en avait trouvé le germe dans les lois et surtout dans l'esprit révolutionnaires. Troisième souverain de sa race, — pour me servir de son hypothèse [1] — il eût étouffé ce germe dans ses mains puissantes. Fondateur d'une dynastie, il appliqua ses soins à le développer.

Les gouvernements nouveaux, qui n'ont de racine ni dans les traditions ni dans les grands intérêts nationaux, sont obligés pour s'établir de chercher un appui dans les intérêts particuliers. Napoléon créa un

---

[1] « Ah ! si j'étais seulement mon petit-fils !... »

peuple de fonctionnaires pour se faire un peuple de partisans. Son génie aurait volontiers choisi pour devise, dans l'organisation administrative de notre pays, ce mot : *simplifier ;* chef de race, il dut en prendre un autre : *compliquer.*

Le droit au travail et aux emplois publics était si bien entré dans les mœurs de la bourgeoisie, du pays légal, de la société élégante et polie, que pour combattre le principe du cumul des fonctions publiques, on ne se plaçait presque jamais au point de vue de l'intérêt public, qui seul peut décider une telle question, mais au point de vue des solliciteurs ajournés et impatients. Est-il juste, demandait-on, qu'un seul homme occupe deux places quand tant d'autres n'en peuvent pas obtenir une ?

Les théoriciens du communisme raisonnent-ils autrement ?

Il semblait que la principale utilité des fonctions publiques fût de faire vivre ceux qui les remplissaient. C'est avec cette préoccupation qu'étaient critiqués les choix du gouvernement, sinon dans la presse, au moins dans les salons. Pourquoi, disait-on, pourquoi avoir donné cette préfecture à celui-ci qui est *déjà* si riche, plutôt qu'à celui-là qui n'a point de fortune et qui est chargé d'une nombreuse famille ?

La révolution de Février a eu ceci de bon, qu'elle nous a un peu corrigés sous ce rapport et que nous comprenons mieux aujourd'hui que certaines fonctions ont été instituées pour l'intérêt de la société, non pour l'intérêt des fonctionnaires. Personne, que je sache, n'a encore songé à demander pourquoi le commandement militaire de Paris et de sa province a été confié au général Changarnier plutôt qu'à un autre, par exemple, à quelque vieux général infirme, impotent, mais père de famille besoigneux.

Les socialistes, ceux du salon comme ceux de l'atelier, disent sans cesse : l'Etat ! l'Etat ! Mais l'Etat doit se défier de ces partisans intéressés. Ils ne viennent point lui apporter une force nouvelle. La chose à laquelle ils songent le moins, est l'intérêt de l'Etat. Ils ne songent qu'à eux-mêmes. Ce sont des affamés qui ne viennent à lui que pour le dévorer[1].

Cependant, pourvoir à l'existence de sa famille n'est pas l'unique

---

[1] De tout ce qui vient d'être dit il semble résulter que le principe démocratique proclamé par le gouvernement provisoire (*Rapport au Gouvernement provisoire par M. Garnier-Pagès, ministre des finances,* 9 mars 1848), qui veut que toutes les fonctions soient rétribuées pour être accessibles à tous les citoyens, est favorable au développement du socialisme autant que funeste aux intérêts des classes laborieuses... Je ne dis pas le contraire ; et je crois même que dans un grand pays, où les arts industriels sont arrivés à un certain degré de perfectionnement, le socialisme doit être la conséquence nécessaire de l'état démocratique.

tâche de l'homme. Il doit aussi pourvoir à l'éducation de ses enfants. Ici encore on recourt à l'Etat. On s'en remet à lui de ces soins doux et sacrés que l'amour seul sait donner. On ne s'informe guère ni de la science ni de la moralité des maîtres : ils enseignent au nom de l'Etat, cela suffit.

Cette lâche insouciance des familles a fait la fortune de l'Université impériale, qui a eu dans notre siècle le même succès que l'ancienne Université de Paris avait au temps de nos pères.

Mais l'ancienne Université enseignait au nom de l'Eglise, à laquelle elle était soumise. L'Université impériale n'est soumise qu'à l'Etat, devant lequel toutes les croyances et tous les cultes sont égaux, et à la loi dont un de ses admirateurs a vanté l'athéisme.

Pour l'Université impériale, le succès est venu, comme je viens de le dire, de la criminelle insouciance des familles, non de leurs sympathies. . Aux plus beaux jours de sa puissance, l'Université n'a jamais été populaire. Ce qui a fait depuis dix ans sa force contre tant d'attaques trop justifiées par son enseignement, ce qui l'a bien mieux défendue que tous les discours de ses membres les plus éloquents, assis dans nos assemblées délibérantes et dans les conseils du gouvernement, ç'a été — il faut savoir regarder la vérité en face — ç'a été l'impopularité de la liberté d'enseignement, ç'a été l'effroi des pères de famille devant les devoirs nouveaux que la liberté apporte avec elle.

L'Etat leur aurait rendu la direction de leurs enfants ! C'était un avenir plein de soin, plein d'embarras, plein d'inquiétudes, auquel ils ne pouvaient songer sans en être épouvantés.

Et aujourd'hui, ces mêmes hommes protestent, quand les socialistes résolus demandent que l'enseignement primaire donné par l'Etat soit obligatoire !

La nature s'est réveillée en entendant ces théories monstrueuses qui arrachent l'enfant aux soins, à la sollicitude, à l'amour de la famille, pour en faire la chose de 'l'Etat. Et ce que quarante ans de pratique n'avaient pu faire, deux années de propagande l'ont fait : elles ont inspiré l'horreur de ces doctrines qui brisent les liens à la fois les plus forts et les plus tendres ; elles ont ruiné l'Université dans l'esprit public, elles ont popularisé le principe de la liberté de l'enseignement.

Je voudrais pouvoir ajouter qu'elles ont réformé cette pratique détestable et lâche des familles, et que maintenant on ne s'en remet plus à l'Etat, mais à soi-même, du choix des maîtres auxquels on confie ses enfants... Hélas ! on continue de faire, sans même y prendre garde, ce que maintenant l'on condamne.

Il n'y a plus guère que ces deux devoirs dont le monde ne permette

pas un oubli complet, l'entretien de la famille et l'éducation des enfants. Les socialistes ne désavoueraient point la façon dont la bourgeoisie s'en acquitte depuis vingt ans.

Mais l'activité humaine ne s'exerce pas seulement par l'accomplissement du devoir, elle s'exerce encore par la recherche du plaisir.

C'était un saint et ineffable plaisir que goûtaient saint Augustin et
sainte Monique, quelques jours avant que la mort de celle-ci les sépa-
rât ici-bas, lorsque oubliant les choses passées et les choses présentes,
conversant de Dieu et de la vie éternelle, soupirant amoureusement
après la patrie céleste, ils y touchèrent un instant par un élan du
cœur [1].

C'est à un coupable plaisir que courent toutes les passions de l'homme,
l'orgueil, l'ambition, la vengeance, la fureur bestiale qu'on appelle im-
proprement l'amour, et jusqu'à l'avarice qui s'interdit tous les autres
plaisirs pour le plaisir d'acquérir, d'entasser, d'amasser ce que l'homme
ne peut jamais s'approprier qu'imparfaitement, ce qu'il ne peut jamais
s'incorporer à lui-même et ce qu'il ne peut pas emporter avec lui.

L'homme recherche et goûte le plaisir par toutes ses facultés et par
tous ses sens. C'est là ce qui fait la diversité du plaisir spirituel ou sensuel; saint ou criminel, délicat ou grossier, doux ou violent.

Le premier effet de la domination de l'âme sur le corps, doit être de
nous donner le goût des plaisirs spirituels et le dégoût des plaisirs sensuels.

Les saints aimaient le plaisir, c'est-à-dire un état où l'homme se plaît,
autant que nous pouvons l'aimer nous-mêmes. Ils étaient conviés à faire
tout ce qu'ils ont fait au delà du devoir, par l'attrait du plaisir. Dans
l'accomplissement même du devoir, ils ont trouvé le plaisir, l'austère
plaisir de la vertu, de l'obéissance, de la soumission à la volonté divine,
ce plaisir que peut éprouver un enfant à soumettre sa volonté à la volonté de son père bien-aimé.

Chez eux, l'autorité de l'âme sur le corps était absolue. Ils n'ont recherché que les plaisirs de l'âme, ils ont fui les plaisirs sensuels qui
compromettent toujours la domination de l'âme sur le corps.

Cette domination spirituelle était bien moins parfaite dans la société
du XVIIe siècle que chez les saints. Aussi la recherche des plaisirs spirituels, qui était encore la grande affaire de ce temps-là, n'excluait-elle
pas la recherche des plaisirs sensuels et grossiers.

Mais si le corps domine et tient l'âme dans la servitude, l'homme ne

---

[1] *Et dum loquimur et inhiamus illi, adtigimus eam modice toto ictu cordis.* Conf.,
lib. IX, cap. X, § 4.

recherchera que les plaisirs du corps et méprisera les plaisirs de l'âme.

Ainsi fait le socialisme. Il promet tout au corps, rien à l'âme. Pour lui l'âme semble même ne pas exister.

Quand l'âme n'est plus comptée pour rien, quand ses droits sont méconnus, ses devoirs disparaissent avec ses droits.

C'est-à-dire que le sentiment et la notion même du devoir disparaissent d'entre les hommes. Il ne peut pas exister de devoir pour le corps, mais seulement des appétits et des instincts. Qui a jamais imaginé que les animaux eussent des devoirs?

Le devoir ainsi supprimé, la société humaine s'écroule aussitôt par la disjonction de ses éléments.

Le devoir et le droit qui n'est que la corrélation du devoir d'autrui, le devoir et le droit n'étant plus, la propriété n'est plus, la famille n'est plus, la société n'est plus.

C'est ainsi que le socialisme est la négation même de la société.

Dans son aversion pour le socialisme, le monde élégant et poli aime à répéter que le socialisme n'est que la satisfaction promise à tous les ignobles appétits du corps, l'avilissement de l'homme jusqu'à la bête.

On surprendrait bien le monde élégant et poli si on lui disait que lui-même ne compte plus l'âme pour rien, qu'il ne recherche comme le socialisme que les plaisirs sensuels et n'est préoccupé que de ces appétits immondes qui nous sont communs avec les bêtes.

La société élégante et polie prend l'ombre pour la réalité. Elle croit aimer les lettres et les arts et tous les nobles plaisirs de l'intelligence. Elle n'aime que les plaisirs des sens; elle n'accueille les lettres et les arts qu'à la condition qu'ils ne lui parleront pas d'autre chose.

L'art qu'elle préfère, c'est la musique, le plus sensuel de tous les arts. L'art autrefois si chrétien de la peinture a abjuré la foi et les traditions qui ont fait si longtemps sa gloire, pour se prostituer aux plaisirs de la société élégante et polie, dans la reproduction de tout ce qui peut réveiller et caresser les désirs des sens. Prostitution perdue! Cette société paraît délaisser tous les jours davantage l'art qui fut celui de Raphaël et du Corrège, pour l'art païen de la sculpture qui a, depuis quelques années surtout, répondu à cette préférence par des œuvres qui la justifient.

Et la poésie, la sainte poésie a-t-elle protesté contre ces goûts honteux de la société élégante et polie?... Elle s'est vendue, elle s'est livrée pour des applaudissements!

Autrefois — et il n'y a encore que trente ans de cela — la poésie parlait de Dieu, de l'âme, de ses aspirations vers l'infini, du dévouement, de la patrie, de la gloire, de l'amour, cette union mystérieuse des âmes [1]..... Elle répète bien encore le nom de l'amour, mais pour le blasphémer, pour le prostituer avec elle au délire des sens.

Sans doute je ne dis pas cela de tous les poëtes sans exception, ni même de tous les poëtes de talent ou de génie. Je le dis de tous les poëtes que la société élégante et polie aime et applaudit. Je le dis du poëte qu'elle préfère et dont elle a fait son poëte d'adoption, M. Alfred de Musset.

M. Alfred de Musset ne connaît d'autres biens dans la vie que l'Aï, des chevaux et des maîtresses :

> Oui, la vie est un bien, la joie est une ivresse ;
> Il est doux d'en user sans crainte et sans soucis ;
> Il est doux de fêter les dieux de la jeunesse,
>
> De couronner de fleurs son verre et sa maîtresse,
> D'avoir vécu trente ans comme Dieu l'a permis,
> Et, si jeunes encor, d'être de vieux amis.
>
> *Sonnet* [2].

Vous avez raison de dire *vieux amis :* une telle vie fait vieillir vite pour le désenchantement, pour le découragement, pour le dégoût de la vie.

Veut-on savoir ce que c'est qu'une maîtresse pour ces vieux jeunes gens ? Qu'on le demande à ces vers que j'ose tout au plus indiquer, que je ne peux pas reproduire ici et qui pourtant sont populaires, ceux dans lesquels M. Alfred de Musset a chanté *l'Andalouse* [3], la marquesa d'Amaëgui.

Une maîtresse, c'est un corps souple, un sein bruni, une jambe ronde, une riche chevelure ; c'est encore une mitaine blanche, un corset de satin, un brodequin noir, un bas de soie... Mais ce n'est pas une femme.

Cependant M. Alfred de Musset dit ailleurs :

> Dans un objet aimé qu'est-ce donc que l'on aime?

---

[1] J'ouvre les *Méditations* de M. de Lamartine, et j'y trouve : L'Immortalité, — La Providence à l'Homme, — L'Enthousiasme, — La Retraite, — La Gloire, — L'Homme (à lord Byron), — Le Lac, — La Prière, — La Foi, — Le Génie, — La Semaine sainte, — Le Chrétien mourant, — Dieu (à M. l'abbé F. de la Mennais), — Le Passé, — Le Poëte mourant, — L'Esprit de Dieu, — L'Ange, — La Liberté, — Le Crucifix ; et tant d'autres.

J'ouvre le recueil des *Odes* de M. Victor Hugo, et j'y trouve : L'Histoire, — La Liberté, — Moïse sur le Nil, — Le Dévouement, — Le Génie, — L'Ame, — L'Ante-Christ, — Jéhovah, — A l'ombre d'un enfant, — Son nom, — La Vendée, — Louis XVII ; et tous ces vers vengeurs du crime inspirés à un *enfant sublime* par les malheurs de la patrie.

[2] *Poésies nouvelles* (1840-1849), page 56.

[3] *Contes d'Espagne et d'Italie.*

> Est-ce du taffetas ou du papier gommé?
> Est-ce un bracelet d'or, un peigne parfumé?
> Non; — ce qu'on aime en vous, madame, c'est vous-même [1].

Mais *vous-même* ici, c'est votre corps; car M. Alfred de Musset dit cela incidemment, comme raison à l'appui de l'éloge qu'il est en train de faire de la nudité, et il ajoute immédiatement :

> La parure est une arme, et le bonheur suprême,
> Après qu'on a vaincu, c'est d'avoir désarmé.

Ai-je besoin de dire maintenant que le premier effet de ce sensualisme est de rendre le poëte incapable de comprendre et de sentir la pudeur, et par conséquent de la louer? Il essaie cependant de le faire :

> Mais des trésors secrets l'instinct fier et pudique
> Vous couvrit de rougeur, comme un voile jaloux [2].

Louer ainsi la pudeur, c'est la blesser.

J'ajouterai, dût s'en offenser l'admiration si légitime à d'autres égards qu'inspire M. Alfred de Musset, j'ajouterai que le poëte a perdu dans ce sensualisme jusqu'au sentiment de la poésie.

On lui demande : *Qu'est-ce que la poésie?* Et il répond :

> Chasser tout souvenir et fixer la pensée,
> Sur un bel axe d'or la tenir balancée,
> Incertaine, inquiète, immobile pourtant;
> Eterniser peut-être un rêve d'un instant;
> Aimer le vrai, le beau, chercher leur harmonie;
> Ecouter dans son cœur l'écho de son génie;
> Chanter, rire, pleurer, seul, sans but, au hasard;
> D'un sourire, d'un mot, d'un soupir, d'un regard,
> Faire un travail exquis, plein de crainte et de charme,
>   Faire une perle d'une larme;
> Du poëte ici-bas voilà la passion,
> Voilà son bien, sa vie, et son ambition [3].

Tous ces traits sont bien vieux; un seul est nouveau, appartient à M. Alfred de Musset et caractérise sa poésie, dont tout le reste n'est qu'une éloquente condamnation : ... *Seul, sans but, au hasard.*

Ainsi va le poëte, ou du moins il le croit; car sa volonté (j'entends celle de son âme) ne le dirige plus. Il assiste un soir à une représentation du *Misanthrope;* il admire cet *amour pour l'âpre vérité,* cette *mâle gaîté si triste et si profonde,* et il se demande : *Est-ce assez d'admirer?* Il se dit qu'enfin il est temps

> De sortir de ce siècle, ou d'en avoir raison;

[1] *Un Spectacle dans un fauteuil.* — Namouna.
[2] *Poésies nouvelles* (1840-1849). — Jamais.
[3] *Poésies nouvelles* (1840-1849).

> Car à quoi comparer cette scène embourbée,
> Et l'effroyable honte où la muse est tombée [1] ?

Il veut ramasser le fouet de la satire, habiller de noir l'homme aux rubans verts, et lui donner mieux qu'un méchant sonnet pour émouvoir sa bile. Il veut, à défaut du génie de Molière, avoir son courage et son indignation.

Cependant il lorgne çà et là, et il découvre à la galerie *un cou svelte et charmant*. Le spectacle fini, l'inconnue se lève, sort, et quand elle est arrivée au seuil de sa maison, le poëte s'aperçoit qu'il l'a suivie :

> Hélas! mon cher ami, c'est là toute ma vie ;
> Pendant que mon esprit cherchait sa volonté,
> Mon corps savait la sienne et suivait la beauté.

Le poëte ne va pas *sans but, au hasard*. Son but, c'est le plaisir de ses sens, c'est sa vue réjouie par un *cou svelte et charmant* et de *longs cheveux noirs*. Son guide, c'est, comme il le dit lui-même, la volonté de son corps.

Mais les suites qu'il se promettait de faire au *Misanthrope?* Cette *Soirée perdue* est une soirée de juillet 1840, et je ne crois pas que depuis cette époque M. Alfred de Musset ait donné à la scène d'autres nouveautés que *Louison* et le proverbe *Il faut qu'une porte soit ouverte ou fermée.*

C'est bien moins à ses éminentes qualités poétiques qu'à ces peintures toujours voluptueuses et si souvent lascives dont ses vers, et sa prose comme ses vers, sont remplis, que M. Alfred de Musset doit la préférence que la société élégante et polie lui a donnée sur tous ses contemporains et la vivacité passionnée avec laquelle elle a pris parti pour lui, même dans ses erreurs littéraires.

Elle a délaissé le créateur de cette poésie sensuelle pour le continuateur. Il est vrai que le créateur, qui avait précédemment trahi la muse chrétienne de ses jeunes années pour aller demander d'autres inspirations aux sérails et aux harems de l'Orient, a lui-même délaissé aussitôt cette poésie indigne d'un vrai poëte, et comme les *Orientales* avaient succédé aux *Odes*, les *Feuilles d'automne* succédèrent aux *Orientales.*

Il ne faut être injuste pour personne, pas même pour ceux qui viennent de tomber. Il faut savoir reconnaître dans les poésies contemporaines de *Notre-Dame de Paris* et du *Roi s'amuse*, et jusque dans les dernières poésies de M. Victor Hugo, le sentiment altéré, j'en conviens, je le déplore, mais le sentiment chrétien de ses premières *Odes*. Tant

---

[1] *Poésies nouvelles* (1840-1849). — *Une Soirée perdue.*

d'erreurs n'ont pu effacer tout à fait cette divine empreinte laissée par une éducation chrétienne et par la foi. M. Victor Hugo voudra-t-il, et, s'il le veut, pourra-t-il faire ce dernier sacrifice à l'alliance politique qu'il vient de contracter? Je ne sais; mais je sais que, jusque dans ses derniers recueils (je parle de ses recueils de poésie), M. Victor Hugo est demeuré, non pas sans doute un poëte irréprochable, mais un poëte encore chrétien [1], et par conséquent un poëte social, non socialiste. Cela est si vrai, que la première fois qu'il a tendu la main aux socialistes il a dû se mettre en contradiction formelle avec lui-même [2].

[1] Voyez surtout dans son dernier recueil (*les Rayons et les Ombres*) le morceau : *Regard jeté dans une mansarde*. Voyez dans le recueil précédent (*les Voix intérieures*) la seconde et la troisième partie du morceau : *Dieu est toujours là*, où se trouvent ces beaux vers :

> Ils ont beau traîner sur les claies
> Ce Dieu mort dans leur abandon ;
> Ils ne font couler de ses plaies
> Qu'un intarissable pardon.

[2] Ainsi le poëte qui, devenu tribun, protestait, le 9 juillet dernier, contre *l'aumône qui dégrade*, avait toujours, mais surtout dans ses derniers recueils, dans les *Feuilles d'automne* et dans les *Voix intérieures*, avait toujours invoqué la charité chrétienne pour tous ceux qui pleurent et demandé *l'aumône* pour tous ceux qui ont faim :

> L'ardente charité que le pauvre idolâtre !
> Mère de ceux pour qui la fortune est marâtre,
> Qui relève et soutient ceux qu'on foule en passant,
> Qui, lorsqu'il le faudra, se sacrifiant toute,
> Comme le Dieu martyr dont elle suit la route,
> Dira : « Buvez ! mangez ! c'est ma chair et mon sang. »
>
> . . . .
>
> Donnez, riches ! L'aumône est sœur de la prière.
>
> . . . .
>
> . . . .
>
> Donnez ! afin que Dieu, qui dote les familles,
> Donne à vos fils la force et la grâce à vos filles ;
> Afin que votre vigne ait toujours un doux fruit ;
> Afin qu'un blé plus mûr fasse plier vos granges ;
> Afin d'être meilleurs ; afin de voir les anges
> Passer dans vos rêves la nuit !
>
> Donnez ! il vient un jour où la terre nous laisse ;
> Vos aumônes là-haut vous font une richesse.
>
> . . . .
>
> . . . .
>
> Donnez ! pour être aimés du Dieu qui se fit homme,
> Pour que le méchant même en s'inclinant vous nomme,
> Pour que votre foyer soit calme et fraternel ;

M. Victor Hugo est demeuré chrétien peut-être même à son insu. Si
j'en crois ses préfaces, il veut être rationaliste. Il est chrétien, chrétien révolté, mais chrétien par ses idées, qu'il n'a tirées ni de sa raison ni de la raison d'aucun rationaliste, qu'il a tirées de l'Evangile. La

> Donnez! afin qu'un jour, à votre heure dernière,
> Contre tous vos péchés vous ayez la prière
> D'un mendiant puissant au ciel.
>
> *Pour les pauvres.*

Et depuis :

> Cet ange qui donne et qui tremble,
> C'est l'aumône aux yeux de douceur,
> Au front crédule, et qui ressemble
> A la foi dont elle est la sœur !
>
> « Je suis la Charité, l'amie
> « Qui se réveille avant le jour,
> « . . . .
> « . . . .
> « Je suis fille de la prière ;
> « J'ai des mains qu'on ouvre aisément.
>
> . . . .
>
> « Je prie, et jamais je n'ordonne.
> « Chère à tout homme, quel qu'il soit,
> « Je laisse la joie à qui donne
> « Et je l'apporte à qui reçoit. »
>
> O figure auguste et modeste,
> Où le Seigneur mêla pour nous
> Ce que l'ange a de plus céleste,
> Ce que la femme a de plus doux !
>
> Oh ! voilà surtout ceux qu'elle aime !
> Faibles fronts dans l'ombre engloutis !
> Parés d'un triple diadème,
> Innocents, pauvres et petits !
>
> Ils sont meilleurs que nous ne sommes !
> Elle leur donne en même temps,
> Avec le pain qu'il faut aux hommes,
> Le baiser qu'il faut aux enfants !
>
> . . . .
> . . . .
> . . . .
>
> « Oh ! donnez-moi pour que je donne !
> « J'ai des oiseaux nus dans mon nid.
> « Donnez, méchants, Dieu vous pardonne !
> « Donnez, ô bons, Dieu vous bénit !
>
> *Dieu est toujours là.*

foi n'est pas morte chez le poëte de *Moïse sauvé des eaux,* puisqu'il a si bien chanté le Dieu qui *est toujours là,* qui

> .... sur les familles souffrantes,
> L'hiver, l'été, la nuit, le jour,
> Avec des urnes différentes,
> ..... verse à grands flots son amour!

Ce mystère de la foi qui se survit à elle-même n'est peut-être pas inexplicable.

Les intérêts présents qui nous préoccupent, une autre gloire que celle que Dieu a promise au renoncement à soi-même, une autre gloire qui nous appelle, un autre avenir que l'avenir éternel, un autre avenir qui nous demande toutes nos pensées et toutes nos sollicitudes, le monde qui nous distrait, le succès qui nous étourdit, et pardessus tout cela notre lâcheté, notre horreur pour ce rude travail intérieur qui ne souffre point de repos, qui ne permet point de reprendre haleine, et, après notre lâcheté, le découragement né de la vue de ses funestes effets : voilà ce qui ôte à la foi son aliment nécessaire, voilà ce qui lui retire tous nos soins, et voilà ce qui arrête tous ses progrès et la fait dépérir. Comme une plante privée de rosée et délaissée par celui qui la cultivait, languit et se dessèche sur sa tige, mais ne meurt pas tout à fait et donne encore quelques fleurs, promesses trompeuses de fruits qui ne mûriront jamais ; ainsi, la foi ne périt pas entièrement au fond du cœur, malgré l'oubli, malgré l'infidélité, malgré d'autres attachements, souvent malgré les affections coupables dont nous lui imposons l'odieux voisinage dans ce cœur qu'elle ne peut se résoudre à quitter, parce qu'elle ne peut se résoudre à désespérer.

Dans cet état elle est encore l'auxiliaire de l'intelligence, elle n'est plus l'auxiliaire de la volonté. Elle inspire encore les grandes pensées, elle n'inspire plus les grandes actions. C'est une flamme qui brille encore et qui éclaire, mais qui ne réchauffe plus.

En l'éclairant, elle fait comprendre au poëte la poésie d'abord, puis la pudeur et l'amour (l'amour qu'on ne peut plus comprendre quand on ne comprend plus la pudeur). Elle l'élève ainsi bien au-dessus de ses rivaux qui n'ont plus le sentiment ni de la poésie, ni de la pudeur, ni de l'amour.

Mais la supériorité n'est pas la popularité, pas même la popularité dans la société élégante et polie. La société élégante et polie ne demande aux poëtes ni la grandeur, ni l'élévation des idées, mais une parfaite conformité de leurs sentiments avec les siens. Pour elle, le poëte doit être le traducteur en vers harmonieux de tous ses sentiments, de toutes ses idées, et à de certains moments de tous ses appétits.

Il m'en coûte d'appliquer à deux poëtes contemporains ce que je viens de dire, et de parler d'eux aussi librement que si j'étais la postérité. Mais il me semble que M. Victor Hugo n'a été dédaigné, depuis vingt ans, par les salons, que parce qu'il est encore un poëte trop chrétien pour notre société élégante et polie, dont la muse païenne [1] et voluptueuse de M. Alfred de Musset semble mieux faite pour célébrer les goûts et les penchants.

Je sais bien que pour faire décheoir M. Victor Hugo du rang auquel son génie semblait l'appeler, on s'est beaucoup plaint de sa bizarrerie, de son affectation et de ses systèmes littéraires, qui sont, je l'avouerai, autant de défauts. La société élégante et polie n'est pas pour rien l'élite de notre génération par l'intelligence et par l'éducation : si elle conçoit une antipathie, elle donnera toujours d'excellentes raisons pour la justifier. Mais M. Alfred de Musset n'est pas moins bizarre et pas moins affecté que M. Victor Hugo, il est de la même école littéraire, et on n'y prend pas garde.

M. Victor Hugo comprend encore ce que M. Alfred de Musset ne comprend plus, la poésie, la pudeur et l'amour. Je l'ai déjà dit, je ne l'ai pas prouvé, comme j'aurais pu le faire, par de nouvelles citations. Ces quelques pages en sont déjà trop chargées. Ce n'est d'ailleurs pas là mon sujet. Et je pourrais enfin, s'il le fallait, renvoyer le lecteur aux vo-

---

[1] M. Alfred de Musset ne dissimule guère ses tendances au paganisme :

> Regrettez-vous le temps où le ciel sur la terre
> Marchait et respirait dans un peuple de dieux?
> Où Vénus Astarté, fille de l'onde amère,
> Secouait, vierge encor, les larmes de sa mère,
> Et fécondait le monde en tordant ses cheveux?
> Regrettez-vous le temps où les nymphes lascives
> Ondoyaient au soleil parmi les fleurs des eaux,
> Et d'un éclat de rire agaçaient sur les rives
> Les jeunes indolents couchés dans les roseaux?
> Où les sources tremblaient des baisers de Narcisse?
> Où, du nord au midi, sur la création,
> Hercule promenait l'éternelle justice
> Sous son manteau sanglant taillé dans un lion ?
> Où les sylvains moqueurs, dans l'écorce des chênes,
> Avec les rameaux verts se balançaient au vent,
> Et sifflaient dans l'écho la chanson du passant ?
> Où tout était divin, jusqu'aux douleurs humaines,
> Où le monde adorait ce qu'il tue aujourd'hui,
> Où quatre mille dieux n'avaient pas un athée,
> Où tout était heureux, excepté Prométhée,
> Frère ainé de Satan, qui tomba comme lui ?
>
> *Rolla.*

lumes de poésie de M. Victor Hugo, qui sont mes pièces justificatives.

M. Victor Hugo a encore (et c'est là un effet de son intelligence de la pudeur et de l'amour) ce que M. Alfred de Musset n'a plus, ce que la société élégante et polie n'a plus, le respect de la femme [1].

Le respect de la femme s'en va comme le respect de l'autorité s'en est allé. Ce n'est pas moins la faute des femmes, des honnêtes femmes de la société élégante et polie, que la faute des hommes. C'est un fait digne de remarque, que tous les pouvoirs périssent pour s'être abandonnés eux-mêmes, pour avoir conspiré contre leur propre autorité avec leurs ennemis naturels.

Dans l'homme, l'âme a été faible et lâche, et l'esprit, qui semblait devoir être l'allié de l'âme, est devenu contre elle, comme nous l'avons vu, le complice du corps et de ses passions brutales. Les arts, les lettres, la philosophie, la poésie, ont assuré l'asservissement de l'âme par le corps, et, en chargeant de fleurs les chaînes de l'esclave, n'en ont pas allégé le poids.

Dans la société, les pouvoirs politiques ont partout, en France, à Londres, à Berlin, commencé contre le pouvoir religieux la révolution qui, un peu plus tôt ou un peu plus tard, s'est retournée contre eux. Les hérétiques et les philosophes qui ont soufflé l'esprit d'indépendance, de sédition et de révolte, n'auraient pas été tolérés par les peuples s'ils n'avaient eu pour protecteurs les rois.

[1] J'en pourrais fournir bien des preuves qui contrasteraient singulièrement avec les vers que j'ai cités de M. Alfred de Musset.

Je ne veux plus citer que ces vers de M. Victor Hugo :

> C'est elle ! la vertu sur ma tête penchée ;
> La figure d'albâtre en ma maison cachée ;
> L'arbre qui, sur la route où je marche à pas lourds,
> Verse des fruits souvent et de l'ombre toujours ;
> La femme dont ma joie est le bonheur suprême ;
> Qui, si nous chancelons, ses enfants ou moi-même,
> Sans parole sévère et sans regard moqueur,
> Les soutient de la main et me soutient du cœur ;
> Celle qui, lorsqu'au mal, pensif, je m'abandonne,
> Seule peut me punir et seule me pardonne ;
> Qui de mes propres torts me console et m'absout ;
> A qui j'ai dit : Toujours ! et qui m'a dit : Partout !
> Elle ! tout dans un mot ! c'est dans ma froide brume
> Une fleur de beauté que la bonté parfume !
> D'une double nature hymen mystérieux !
> La fleur est de la terre et le parfum des cieux !

18.....

Chants du Crépuscule. —— Date lilia.

Dans la famille, les femmes auraient conservé leur puissance légitime qui décroît tous les jours, si elles n'avaient recherché des succès qu'elles obtiennent sans doute, mais qui sont autant de défaites pour leur autorité.

Nous sommes à une heure solennelle et décisive pour les destinées de la société européenne : il faut que la vérité tout entière soit dite. Les honnêtes femmes ont voulu pour elles les succès des courtisanes. Et comme le grand roi qui voulait faire de mauvais vers et à qui rien n'était impossible, ainsi que Boileau le lui disait à cette occasion, les honnêtes femmes de la société élégante et polie ont réussi, ont vu vanter les charmes de leur personne, les attraits de leur figure, les séductions de leurs yeux. Elles ont encouragé, elles ont provoqué souvent, en apportant dans le monde une mise dont le monde lui-même a quelquefois été scandalisé, en se montrant dans les salons, au milieu d'étrangers, telles qu'elles auraient rougi d'être vues chez elles, auprès de leurs maris, au milieu de leurs enfants, elles ont volontairement provoqué des galanteries qui, présentées sous une forme moins délicate, leur auraient paru, ce qu'elles sont en effet, des outrages. Les poëtes peuvent tout leur dire, pourvu que le mot ne soit jamais cru et que le vers soit toujours bien tourné.

A la différence du latin qui brave l'honnêteté dans les mots, le vers la brave dans les idées.

Les honnêtes femmes se plaisent à entretenir une sorte d'amour platonique qui flatte leur vanité, chez tous les hommes élégants qui se plaisent, eux, à partager cet amour entre toutes les femmes qui en sont dignes par leur beauté. C'est une promiscuité morale des sexes.

Et on s'indigne après cela lorsque des hommes grossiers, qui ne sont point beaux diseurs, qui ne savent point tromper les appétits du corps par les récréations et les illusions de l'esprit, demandent la communauté des femmes et l'entier affranchissement de la volupté !

Les femmes ont cru assurer par là leur empire, elles l'ont détruit.

Le Christianisme, que les Chinois appellent avec tant de raison *la religion des femmes* [1], avait trouvé la femme esclave de l'homme. Substituant partout le règne de l'esprit au règne de la force, il releva la femme de l'abaissement de sa condition, la fit l'égale de l'homme et lui donna à côté de l'homme une autorité dans la famille.

Cette autorité, le Christianisme l'établit comme peut être établie l'autorité de tout ce qui est faible, sur le respect.

Tant que dans une femme on vit la femme, c'est à-dire les grâces de

[1] *Annales de la propagation de la foi*, nᵒ 50.

son esprit, la sûreté de sa raison, la générosité de son cœur, les délicatesses de son âme, le respect pour elle s'accrut et son pouvoir se fortifia pour le bien de la famille et de la société et pour les progrès sérieux de la civilisation. Nous redevenons païens, nous considérons avant tout dans la plus honnête femme ce que nous pourrions considérer dans une courtisane, un beau corps, pour les plus délicats un sujet de rêveries voluptueuses, pour les plus grossiers un instrument de plaisir brutal... Il n'y a plus là de place pour le respect qui faisait toute la force de l'autorité de la femme.

Mais, avant même que dans le monde ceux qui ne sont liés vis-à-vis d'elle par aucun devoir particulier l'outragent dans leurs paroles, et plus encore dans leurs pensées, la femme a reçu dans le lit nuptial le plus cruel outrage de l'homme qui lui avait juré amour et protection, qui lui avait promis, après la dignité d'épouse, une dignité nouvelle et plus haute qu'il lui refuse, la dignité de mère. Elle a été la concubine de l'époux qui a été l'*adultère de sa propre femme*[1].

Je n'ai ni le mérite ni le tort de rien dévoiler ici : la société élégante et polie s'est fait à cet égard une morale dont elle est fière, qu'elle enseigne à ses enfants, et qu'elle enseigne surtout aux pauvres (charité deux fois économique!) avec un cynisme de langage bien digne de ces mœurs païennes, qui, si elles ne sont réformées au plus tôt, vont marquer prochainement l'heure de la déchéance de la femme.

Des esprits qu'on ne suspectera point de rigorisme n'ont pas été trompés par les formes extérieures du culte que nous rendons aux femmes, et dont elles se montrent si vaines. M. Victor Hugo, pour les raisons que j'ai dites précédemment, devait être du nombre. Il croit que cette convoitise, effrontée dans sa politesse même, est un reste du feu païen que les eaux de la pénitence chrétienne n'ont point encore éteint dans le monde :

« Le vulgaire, dit-il, est encore païen dans tout ce qui touche la « femme, même dans le culte grossier qu'il lui rend[2]. »

Je ne crois pas qu'il soit vrai de dire que le paganisme antique tarde encore à s'en aller, après bientôt deux mille ans que l'Evangile est prêché au monde. Je crois que le paganisme antique revient.

Ce qui nous menace, en effet, ce n'est pas le socialisme doctrinal que nous connaissons; ce n'est pas le conflit de tant de systèmes contradictoires et tous également irréalisables, mais l'esprit qui est au fond de tout cela, qui a inspiré ces systèmes à leurs auteurs, et qui lève dans

[1] *Enchiridion Sententarium.*
[2] *Réponse au discours de réception de M. Saint-Marc Girardin à l'Académie française.* 16 janvier 1845.

nos villes et dans nos campagnes des armées de combattants pour le socialisme. Ce qui nous menace, c'est la tyrannie du corps et de ses appétits ; c'est le culte des sens qui s'appelait autrefois le paganisme, qui s'appelle aujourd'hui le socialisme, et qui n'a point changé de caractère pour avoir changé de nom.

J'en conviens volontiers, nous ne sommes point encore des païens ou des socialistes complets ; mais il faut y prendre bien garde, ce qui reste en nous de chrétien pourrait nous servir à nous tromper nous-mêmes, à nous persuader que nous ne pouvons pas cesser tout à fait d'être chrétiens et à nous faire attendre le salut de la société des promesses d'éternité que l'Eglise a reçues. « L'Eglise, disait Fénelon il y a plus d'un « siècle et demi, l'Eglise a des promesses d'éternité ; et nous, qu'avons- « nous, sinon des menaces qui nous montrent à chaque pas l'abîme ou- « vert sous nos pieds? Le fleuve de la grâce ne tarit point, il est vrai ; « mais souvent, pour arroser de nouvelles terres, il détourne son cours « et ne laisse dans l'ancien canal que des sables arides. La foi ne s'é- « teindra point, je l'avoue ; mais elle n'est attachée à aucun des lieux « qu'elle éclaire ; elle laisse derrière elle une affreuse nuit à ceux qui « ont méprisé le jour, et elle porte ses rayons à des yeux plus purs [1]. »

A l'heure qu'il est, la nuit se fait dans les intelligences obscurcies par l'ivresse des sens. Mais c'est le propre de l'ivresse de s'abuser sur son état. Nous redoutons la triade, la gratuité du crédit, le phalanstère, et nous ne redoutons pas le paganisme qui est déjà presque tout à fait maître de nous. Il y a vingt-cinq mois, un autre mal, qui n'est rien sans doute comparé au malheur épouvantable dont je parle, nous menaçait de bien près : qui donc y songeait seulement?

Maintenant nos passions règnent sur nous en souveraines absolues ; comme les empereurs de la Rome débauchée, elles exigeront de nous le culte et l'adoration qui ne sont dus qu'à Dieu. Nous n'oserons point leur résister, nous nous soumettrons à leur caprice, nous les diviniserons, et ainsi le paganisme sera tout à fait rétabli.

Nous fuyons le travail, nous aimons et nous estimons par dessus tout le bien-être matériel et le plaisir des sens. Nous avons secoué le joug de l'âme, insupportable à nos passions. Si nous ne faisons point une sainte insurrection contre la tyrannie de nos sens, si nous ne rétablissons point le règne de l'âme, il faudra, pour rendre une marche régulière à la société livrée maintenant au hasard des événements comme un navire sans pilote et sans gouvernail au hasard des flots, il faudra rétablir au

---

[1] *Sermon pour la fête de l'Épiphanie, sur la vocation des Gentils.* Édition de Versailles, tome XVII, pages 192 et 193.

moins le règne de la force, l'organisation du travail par l'esclavage comme dans la société païenne, rétablir la femme dans cette condition d'où le Christianisme l'a tirée, de servante de l'homme qui peut devenir pour lui tout au plus un objet de luxe ou de volupté.

Mais Dieu se souviendrait que cette France fut autrefois le royaume très-chrétien, et plutôt que de la laisser jamais en venir jusque-là, dans sa miséricorde et dans sa clémence il permettrait qu'elle pérît !